숨결

초판 발행 2022년 9월 9일
지은이 지연희
펴낸이 안창현 **펴낸곳** 코드미디어
북 디자인 Micky Ahn
교정 교열 민혜정
등록 2001년 3월 7일
등록번호 제 25100-2001-5호
주소 서울시 은평구 갈현로 318-1 1층
전화 02-6326-1402 **팩스** 02-388-1302
전자우편 codmedia@codmedia.com

ISBN 979-11-89690-74-8 03810

정가 12,000원

이 책의 판권은 지은이와 코드미디어에 있습니다.
잘못 만들어진 책은 교환해드립니다.

RAINBOW | 098

숨결 | 지연희 시집

지연희

詩人의 말

당신이 빠져나간 구름의 무게는
천둥의 조각난 파편들이 날을 세우는
오후였다.

아홉 번째 시집을 출간한다.
매 순간 숨을 쉬듯이 소중한 생명을 잇고 있는
숨결이 한 편의 스토리를 접는다
시인, 끊어 버릴 수 없는 天刑의 죄를 등에 지고
다시금 내일이라는 시간과 걸음을 딛기로 한다

유난히 붉디붉은 사과 한 알의
빛 밝은 낯빛을 바라본다. 폭풍이 흩트리고 간
모진 시간을 융숭하게 감내했을
선물일 것이다

2022. 가을 지연희

차례　　　　　　　　　　시인의 말 · 4

1부　느닷없이

햇살 _ 14

껍질 _ 15

기억을 몰고 와 _ 16

어둠 _ 18

저물녘 _ 19

어쩌면 _ 20

안부 _ 21

입적 _ 22

잃어버린 봄 _ 24

어깨 _ 26

느닷없이 _ 28

무심천 _ 29

2부 가여움

엄-니 _ 32

가여움 _ 33

십자가 _ 34

신 심청전 _ 35

디코이 _ 36

골목 _ 37

부활 _ 38

새 떼 _ 40

새들은 다 어디로 갔을까 _ 41

白夜 _ 42

마로니에 _ 43

베토벤 교향곡 5번 _ 44

차례

3부 숨결

감자 _ 48

노숙자의 짐 _ 49

낯선 남자 _ 50

끈 _ 52

달 _ 53

한 청년이 버스 정류장 나무의자에 앉아 _ 54

꽃 1 _ 55

꽃 2 _ 56

숨결 _ 57

발자국이 험난하다 _ 58

어느 봄날 _ 59

민들레 _ 60

4부 물컹한

회광_64

기척_65

물컹한_66

새날_67

소중함_68

아직도_69

외로워 마라_70

팬데믹 이후_71

풀잎_72

나무의 뼈_73

관점_74

꽃이 핀다_75

차례

5부 향기

저물다 _ 78

꽃샘바람 _ 79

바로 너였구나 _ 80

태동 _ 81

정봉역 _ 82

간밤 _ 83

달팽이의 이소 _ 84

달의 기원 _ 86

달의 문 _ 88

말없는 고요 _ 90

향기 _ 91

쉬었다 가야지 _ 92

숨결

스쳐지나칠 수 없는 가슴 무너지는 손길에 이끌려
편의점 간판에 닿아서야 간절하게 마른 위장을 적시는 가냘픈 영혼

세상엔 제 살과 피로 빚은 사과나무를 야멸차게 잘라버리는
비정의 먹구름이 불쑥불쑥하다

−「잃어버린 봄」 중에서

느닷없이 [1]

햇살

  오죽하면 이 골목 저 골목 어둠의 깊이마다 손을 뻗어 다독일까 닦아도 지워지지 않는 세상 슬픔을 품어 안고 전전긍긍 오열하는지 하루가 지나기 무섭게 사람의 탈을 쓴 짐승의 후예들 이글거리는 지옥의 중심에 뛰어들어 타는 가슴을 부여잡을까 깊은 어둠 속에 기대어 가늘게 키만 키우는 나뭇잎에 스며 온몸을 실낱으로 분해하여 혼신으로 투신할까 하루분의 꽃향기를 겸허히 소진할 무렵이면 고요히 서산에 누워 줄줄이 손을 뻗는 나무들 위해, 내일을 위해 햇살의 무늬를 경작하는 거룩한 손 거룩한 당신

껍질

굴피나무 마른 살갗이 분말 가루처럼 부서져 내린다
제 몸의 발목쯤에 뿌옇게 내리고 있다
시간의 깊이를 다듬느라 견고하게 마른 나이테 사이로
물기라고는 햇살 작열하는 사막의 모래사장이다
아무도 관심 두지 않는 아버지 소실消失의 역사가
걸음걸음마다 흥건하다
건드리면 쓰러지고 말 팔십 고개 거뭇한 몸을
파리한 낯빛으로 곧추 세우는 일
까무룩한 아버지의 하루는 단단하게 굳어
갈라진 발뒤꿈치로 언제나 핏물이 흐른다
겨울 재래시장 좌판에 서서 꽁꽁 얼어붙은 하루를
토막 내며 겹으로 겹으로 쌓인 굳은살

세숫대야에 뜨거운 물을 담아 아버지 상처를 불리는데
뿌연 수면 위로 둥둥 떠오르는 아버지의 껍질
비릿한 내 살갗들이 우수수 일어선다

기억을 몰고 와

산봉우리부터 뿌연 휘장을 두른
어둠의 도시, 숲을 마시던 시간은
길을 만들지 못했다

 더는 버틸 수 없어 쫓기듯 단벌의 옷으로 치장한 당신은 축축하게, 칠성판 위에 누워 끊임없이 뒤를 돌아보았겠지 얼어붙은 가슴속에선 말이 떨어지지 않아 얼마나 울었을까 비단 구름을 좋아하던 13살 아이에게 '너를 버리고 가는구나' 읊조리면서 가쁜 숨 내쉬고는 싸늘하게 문을 닫아버린 새벽길, 수질首經과 요질腰経에 묶여 헐거운 짚신을 끌며 마른 눈물로 뒤를 따르는데 산비탈을 오르던 장정들의 발이 꿈적하지 않는다는 비명이 들리고 붉은 황토를 손바닥에 비비던 늙은 이장은 명당이네 걱정하지 마라 여린 풀잎의 등을 토닥였다, 한 삽의 무심을 뿌리는데 쾅쾅쾅 두툼하게 안과 밖의 경계를 짓는 상두꾼의 구령이 구슬프게 시작될 때에서야 비로소, 나는 보이던 것이 보이지 않는다는 당신의 까닭을 알아차

렸다 장대비 쏟아지고 천둥이 길을 막는 천지가 무너지는 소리를 들었다

  자욱한 안개가 새벽을 열고, 이후
  나는 기억을 몰고 와 그곳을 어둠이라 했다.

어둠

지하철 4호선 길음역
방금 정차하여 분주한 신발들과 느린 걸음 몇을 하역한
배달부를 향해 한 남자가 황망히 내달리고 있다
미치지 못한 시간은 간발의 순간 문을 닫고
남자는 바닥에 주저앉는다
어둠이 빛을 닫듯 찰나에 차단된 갈망
슬픈 남자의 낯빛이
매연에 그을린 역사의 인조 암벽 천장에 꽂히는데
무너져 살을 허무는 절망을 밟고 달려가는 배달부
열차의 꽁무니에 매달린 작은 불빛 하나 어둠 속으로 스며들고
다시는 돌아오지 못할 시간의 레일은
어머니 임종 시간을 빼앗아 달려가고 있다

승강장 한쪽 남자는 해어진 구두
벌어진 입 사이로 빗물을 쏟아내고 있다

저물녘

후미진 공원 뒷길을 남자는 고개 숙여 걸어가고 있다
빈 가방 가득한 결핍의 상처를 끌어안고 걷는다

어둠의 그림자에 밟혀 기우뚱 어깨가 기우는데
저만치 다섯 살 딸아이의 환한 미소가
성큼성큼 걸어와 손을 내민다
순간, 보름달처럼 어둠을 지우는 빛의 무리가
남자의 머리카락을 토닥거리는데

오래된 나무 의자에 머물던 맑은 햇살의 포도나무
생명의 늪으로 실바람처럼 스며들고 있다
슈베르트의 아베마리아 공원 가득 깃들기 시작하고
희미한 맥박을 깨워 뿌리를 딛는 나무 한 그루

공원 가득 빛을 잃은 나무들이 고개를 든다

어쩌면

마지막 전언이었지
차디차게 입을 닫고 고요히 흐르는 침묵 속에서
당신은 무슨 주문을 그렇게 풀어내고 싶었는지
소리를 잃어버린 혀끝의 떨림으로 가멸찬 신음으로
눈을 뜨다가, 눈을 감다가 고개를 돌리다가 어찌할 수 없어
백지 위 떨리는 가슴으로 그려놓은 해독할 수 없는 상형문자는
극도로 축약된 한 생의 눈부신 추상화 한 폭,
부딪치고 넘어지고 일어서던 상처들
깁는 최후의 비명이었을까

잘 도착했을지 레테의 강물에 유유히 흘러
하늘에 오르는 일

안부

당신의 침상이 앙상하게 비어있어요
꽃 자줏빛 단풍이 눈이 부시게 출렁이던 날
당신은 그렇게 흘러갔지요.
시간과 사람과 기억이 유성처럼 멀리 흐르는 사이
남은 우리는 망각 속에서 길을 잃었어요
문득문득 잃어버린 시간을 되돌리며
아침밥을 먹고 점심을 먹고 어김없이 저녁을 먹고,
그럼에도 기가 막히게 태연하네요, 다만
굳이 안부는 묻지 않아도
살갗에 스며드는 싸늘한 겨울바람의 유희
희디흰 하늘 옷자락이 당신의 새집에 커튼을 치는
당신의 가슴에 까마득히 스며든 묵직한 한기를
두툼한 얼음 상자로 전송받고 있지요
이 견고한 지하의 흙내음

맨몸의 맨발의 당신은
사시나무처럼 떨고 있다는

입적

당신은 구름을 타고 세상을 얻으셨나요

새의 깃털 하나 깔고 앉아 가부좌로 정진하는

주름진 사선死線의 이방인

무슨 공덕으로 생사의 경계를 노 젓고 계시는지

감은 눈으로 미소를 머금은 비탈 없는 침묵

오늘은 저승인 듯, 오늘은 이승인 듯

깊이를 잴 수 없는 텅 빈 가슴의 껍데기인가요

까마귀 한 무리 버스 백미러에 목숨을 던져

생을 갈라놓은들 지구는 흔들리지 않고

허공의 여객기가 난기류에 흔들리고 있어요

어딘가에 전생을 기탁한다는 일

저토록 가슴 훈훈한 가부좌로 앉아

생사의 까닭을 깁고 있군요

잃어버린 봄

절벽 밑으로 붉은 꽃잎이 떨어지고
길을 잃은 아이가 사방 어둠 속에 갇혀있다
먹구름도 빠져나갈 통로를 찾지 못하는지 안절부절이다

아이는 철창의 문틈 사이로 손을 뻗어 구름의 무게를 떠 올린다
물에 젖은 허기가 점점 불어나 탈출의 무늬를 꿈꾸다가

창을 부수고 담을 뛰어넘어 달려 나가는 탈옥수

발목에 묶인 사슬을 풀어내고 부신 빛의 그림자를 두 팔로 끌어안는 아이

구석진 도심의 건물 한쪽에 남루하게 앉아 온몸의 푸른 꽃무늬
그림을 읽고 있는 맨발의 상처

스쳐지나칠 수 없는 가슴 무너지는 손길에 이끌려
편의점 간판에 닿아서야 간절하게 마른 위장을 적시는 가냘픈 영혼

세상엔 제 살과 피로 빚은 사과나무를 야멸차게 잘라버리는

비정의 먹구름이 불쑥 불쑥하다

봄이 오고 가는 일이 보이지 않았던 시절의 연속
온통 도심의 배경은 코로나19의 독화살에 마비되고

아홉 살 소녀도 나도 입을 닫고 말을 닫아걸고 있다

꽃은 저 혼자 피고 저 혼자 붉은 4월이다

어깨

젖은 바닥으로
흥건하게 떨어진 어깨가 흔들리고 있다.
미친 광풍의 파도가 출렁일 때마다 기우뚱거리는 배

도심의 네거리 단숨에 달려드는 포악한 속도에 맞서
두 살배기 분신을 구명한 목숨이 땅바닥에 쓰러진
한 마리 파리처럼 파르르 떨고 있다

석고상으로 병상에 누워 있는 어미의 머리맡에 앉아
막 흙을 비집고 돋아난 하얀 筍이, 엄마의
입술을 열어 조근조근 먹이를 쪼아 입에 넣는다.

제 입술을 포개어 다독인 생명을 버무려 나르는
두 살 아이가 엄마를 업고 어른다.

봄 햇살을 받아 삼키는 어깨가 흔들린다

하늘엔 종일 퍼 나른 상처의 흔적을

희미한 낮달이 버짐처럼 피워내고 있다

봄 햇살을 받아 삼키는 어깨가 흔들린다
하늘엔 종일 퍼 나른 상처의 흔적을
희미한 낮달이 버짐처럼 피워내고 있다

느닷없이

쿵 쿵 쿵
문을 두드리는 어둠의 깃, 잃어버린 꽃반지가 번쩍이고 있어요
빈 커피잔이 흔들거리며 붉은 장미꽃이 담 밖으로 고개를 기웃거리는

느닷없이 찾아든 회색빛 구름 사이로 떨어지는 굵은 눈물방울들

계곡은 무너져 내리고, 무너진 진흙 사이로 파묻히는 당신의 자손들이
비명을 지르고 있어요, 어디로 가야 하는지?
범람하는 바닷물에 몰려드는 짐승들의 아우성 들으셨는지요.

웅성웅성 떠내려가는 지붕 위 임신한 어미 소의 분만은 어찌하라고요
무릎 꿇어 묵주 알을 엄지손가락으로 힘껏 누릅니다.

한 사람이 가고 또 한 사람이 길을 잃고서야 서서히
쓰러진 나무와 무너진 집과 잃어버린 밭이
고개를 들고 슬픔을 씻어내고 있습니다.

언제쯤 일어설 수 있을까요.

무심천

당신이 흘러갔나요
무심천의 기억이 온통 어둠입니다
벚꽃 흐드러진 뚝방에는 당신이
떨구고 간 발자국이 울고 있네요
당신은 당신의 핏줄로 빚어 놓은 역사를
기억하실 수 있을까요, 너무 아득해서,
백일도 안 된 벌거숭이 아기를 품에 안고
흔들의자에 앉아 미소를 띠고 계셨다지요
어머니는 무심천 맑디맑은 물에
신생아의 기저귀를 빨고 있었다네요
단 한 번도 부르지 못한 아버지라는 이름
그날 그 벚꽃 만발한 무심천 꽃잎 위에
그토록 눕고 싶으셨던가요
황홀히 꽃비 맞으며 맞으며 걷다가
걷다가 무심으로 걸어가신 분
아버지!

곡조가 난해한 죽음의 지층 속으로 순간에 무너지고
나는 무심한 눈으로 안 되지, 안 되는데 허공만 바라보며 서 있었다

-「부활」 중에서

2
가여움

엄-니

야생동물의 서식지 아프리카 보츠와나 밀림의 숲속으로 달려간다

약육강식 빗발치는 경계의 눈빛들이 사방 웅크리며 생존을 향한
잔인한 도륙의 냄새를 발산하는 곳

그럼에도 사람의 이름을 단 무법자들에 희생되는
코가 길어 슬픈 밀림의 신사들, 그들의 무리가

귀족의 황금알을 노리는 무뢰한 발자국에 짓밟히어
가뭄의 마른 강바닥 위에서 잔혹하게 숨을 빼앗기곤 한다

척추를 포박하고 얼굴을 토막 내어 겹겹의 울분으로 쌓아 올려진 그들의
무덤에서는, 非命의 영혼들이 연주하는 통한의 울음소리가 흐른다

조심조심 지뢰밭을 피해 찾아온 아버지 이웃 형제들이 모여
죽은 혈육들 앞에 머리 숙여 애도하는 슬픔, 하늘을 찌르는

장엄한 베토벤의 레퀴엠 우 우 우 우

가여움

줄줄이 행렬을 따라 어디를 다녀올까 등짐 가득한 족쇄

제 몸의 무게를 넘어선 간절함으로 묵묵히 견디게 하는

나란한 행렬의 저 무서운 질서,

단단한 대못으로 묶여 꼿꼿한 것일까

잘록한 허리로 토해내는 無明의 비명, 한 생이

진땀으로 등에 지어 위임받은 생존의 힘

둥글게 둥글게 혼신으로 살피다가 돌아와

비로소 도착한 소명을 내리며 홀가분하게 스민다

속속들이 빠져드는 지하 동굴의 미로

툭툭 스며들어 숨죽이는 전사들의 장엄한 순장

십자가

다시 자정이 넘었다
한 뼘도 안 되는 열린 유리창 사이로 어제의 그 십자가
길 잃은 이의 이정표처럼 우뚝 서 있다
오늘은 하얀 형광등이 석류 알처럼 붉다
십자가를 지어 나르는 일곱 층의 철탑 위에서는
붉다, 푸르다가, 보랏빛이다가
현란하게 춤을 춘다, 어지럽게
이미 당신의 그늘에 묶인 길은 벗어날 수 없는
일이지만 오늘처럼, 가끔은 묻기도 한다

어떻게 하시려구요?
어찌하라구요.

신 심청전

우울증 어미가
산실에서 숨을 고르며 피워낸 꽃송이들
바다, 하늘, 우주가 나란히 누워 배내옷을 입고 있다
허우적거리는 울음들이 새들을 부르는 아침,

뼈를 깎는 눈물로 쉬이 감지 못하는 어미의 눈에선
마른 젖줄이 끊겨 돌아서지 못하는 슬픔이
붉게 물든 울음들이 늪 속에 빠져 버둥거리고 있다

흥건하게 젖은 가난을 딛고 일어서는 아비는 오늘 아침도
어미 잃은 핏덩이 셋을 안고 얼굴을 묻는다
젊은 아비의 굽은 등줄기에 묶인 고물고물한 손가락들

심 봉사가 깊은 인당수에 뛰어든다
앞이 캄캄한 해저에서 물거품이 솟아오르고
굳건히 일어서 연꽃을 피우는 심 봉사

디코이 decoy

 가쁜 숨으로 달려가고 있어요 당신의 그윽한 푸른 눈빛이 달콤해서지요 그 현란한 깃의 춤사위는 진실이겠지요 당신의 깊이 속으로 스며들고 싶어요 조금만 더 다가서야겠어요 차디찬 얼음덩이처럼 견고한 손길이 깨어지지 않는 죽음이 허공 위에 매어있군요

 숨결을 잃어버린 생명이 생명일까 생각하고 있어요 그러나 지금, 나는 길 잃은 물새처럼 흥건히 젖어있는 당신, 당신의 사정거리 안으로 진입해 버렸군요 들짐승 한 마리가 포효하고 있어요 사방을 돌아보지만 탈출구가 보이지 않아요 - 진실을 포장한 파랑새, 파랑새

---

*디코이(decoy) : 사냥에서 들새나 들짐승을 사정거리 안으로 유인하기 위하여 만든 모형 새.

골목

고양이 한 마리 어두운 골목 어귀에서 비틀거린다.

살코기를 기다리던 독수리가 날카로운 발톱을 곧추 세우는데

연약한 것들의 무릎이 바스락 내려앉는다.

한 자락의 변명마저 내다 버린 거리 어디쯤에서
꺾인 꽃송이 다시 꽃 피울 수 없다는 절망을 더듬고
고장 난 바람이 팔랑개비를 돌리고 있다

다 해어진 신발 속에서 죽순처럼 일어서는 비명이
소녀의 좌우명을 달콤하게 발라먹고 있다

어린나무는 쑥쑥 키워가던 성장을 멈추고
무너지는 몸을 휴지통에 쓸어 담고 있다

부활

어쩌면, 이렇게 반짝이는 울음일까
탯줄을 자르고 지르는 신생아의 첫 울음같이
두 주먹을 움켜잡고 네모난 화분 귀퉁이에 솟아올랐다

숨이 마른 가시 줄기들의 무덤 사이로 고개를 든 筍 하나 무릎 꿇어 저 가파른 흙의 폐허를 다독여 부활하였겠지 손톱이 닳도록, 가득한 절망의 열쇠를 풀고 삼복의 지상에 서서 두리번거리며 조심, 조심한 발걸음이 생명의 문고리에 닿았을까,

지난 10월 가을 꽃밭은, 6월 동난의 폭력처럼 새들의 울음소리 곡조가 난해한 죽음의 지층 속으로 순간에 무너지고 나는 무심한 눈으로 안 되지, 안 되는데 허공만 바라보며 서 있었다

생사의 경계가 한순간 빙하의 절벽 속에서 가늠된다는, 관음소심 철골소심 제주춘란 보세란 대엽풍란 소엽풍란, 40여 년 함께한 소철 관음죽 러브체인 그들의 잔해가 한 묶

음의 무량한 깊이 되어 온전히 내려앉았다

   생전의 그는 순교한 견공들의 길잡이로 하늘에 오를 것이라 하더니
   화단의 화초들 줄줄이 순장을 했다

   그럼에도,
   먼 소식 하나 반짝이는 눈망울로 일어서는지
   실 가닥 같은 어린 筍 하나 눈을 떴다

새 떼

빨랫줄에 고개 숙인 한 무리의 새 떼
줄줄이 엮인 포승이
수인처럼 경계선 안으로 들어선다
다시 되돌아 나올 수 없다는 근심이
미세하게 흔들리는 차디찬 공포의 침묵이
숨 막히게 무서워 새파랗게 젖은 입술로
산소호흡기 레버를 가쁜 숨으로 움켜쥐고 있다.
구십 고령의 내 어머니
그린란드 빙벽에 하얗게 누워
사시나무로 떨고 있었겠지
곁에 있더니 보이지 않는 사람들
얇은 포대 짐승의 누더기에 싸여 불길 속에서
홀로, 얼마나 우셨을까
바람의 곡조로 파도를 타는
바람의 곡조로 눈물을 짓는
자지러지며 흔들리는 지구촌
새 떼들이 사라진다

새들은 다 어디로 갔을까

울창한 숲의 녹음을 우짖던 뱁새들
사흘 낮과 밤 가뭇없이 숨어버린 뒤
잠잠 무소식이다. 가장 얌전한 몸짓으로
대기의 허물을 물고 있던 미세먼지는
별것 아닌, 고장 난 코로나19가 시동을 걸어
지구 전체를 질주하고 있다
위험천만한 경주이다
아무것도 아닌 주검으로, 바들바들 떠는 참새 떼들
줄줄이 이어 흐르는 강물에 휩싸이고
검은 마스크로 포박한 미사의 침묵,
목숨 저당하고 뛰어든 의료진의
흰 가운이 젖은 땀으로 천근이다

하늘을 날던 새들은 다
어디로 갔을까

白夜

창밖은 하얀 나비들의 군무
맑디맑은 눈빛으로 어깨와 어깨를 겯고 날아 앉는다

순백의 여리디여린 피부로 뒤덮인 설국의 꽃잎

소복하게 쌓인 벌판 위 엷은 자국 하나 허용치 않는
깨알보다 작은 아기별들의 숨소리

글썽이는 어둠의 상처 거침없이 토닥이는
침묵의 착지,

너그러움이 공손하다

새해 벽두의 서설瑞雪
출렁이는 몸짓들

마로니에

가느다란 바람 끝으로 쏟아지는 가을비
눈부신 황금의 비 내리는 마로니에 공원은 모처럼 소리가 없다
오백 년 묵은 은행나무 꾹 다문 입, 침묵의 숲을 지나
오십 년 전 바다를 건너온 마로니에 굵은 허리 밑으로
주인 없는 나무 의자 조심스럽게 차지하고 앉았다
그리고 마주친, 간밤 어느 지하철 역사에 몸을 뉘었을
헝클어진 머리의 남자가 걸음을 멈추었다
히죽이 웃는 남자의 회색빛 머리 위로 나풀거리는 노오란 가을빛
그는 손에 들고 온 큰 과자 봉지의 문을 뜯고 있었다, 위풍당당하게
봉지 속 밀폐된 공기를 타고 총알처럼 튀어나오는 알갱이들
순간, 까맣게 날아드는 한 무리의 비둘기 떼
신생국의 황제처럼 가슴을 펴는 남자를 둘러싸며
고장 난 허기를 채우는 가냘픈 날갯짓들
가난을 기운 입가에 소리 없이 벙그는 남자의 미소
어깨에 팔목에 날아 앉는 평화를, 연신 바라보며
풍선을 넣어 부풀어 올리는 남자의 가슴

남자는 넘치는 기쁨을 모아 가방 속에 넣고 있다
다치지 않게,

베토벤 교향곡 5번

한 마리 유등을 짊어지고 산을 오른다
꺼질 듯 꺼질 듯 타오르는 고요한 숨결의 촛불 앞에서

간절한 기도가 눈물 글썽이고 있다

소말리아 난민촌, 퀭한 눈망울 마주친 숨 가쁜 응시는
가슴 무너지는 바벨탑이다

누구를 위한, 무엇을 위한 곡진한 비명일까 무심코 쏟아지는 절규는
흠뻑 젖어 지워지지 않는 장대비

햇살은 어디에 숨어 곡간을 비운 것일까

예사롭지 않은 불빛이 지고 있다

긴밀한 약속처럼 시든 사랑의 종말처럼
주저 없이 이별하며 뒤돌아서는 일
쓸쓸한 골목길을 돌아 내가 가고 네가 남는 일

-「어느 봄날」 중에서

3

숨결

감자

마른 상자 속에 숨죽여 있던 어미의
살갗 한 구석에 탱탱하게 매달린 한 무리의 筍
상아빛 맑은 뿌리들이 웅성거리고 있다
기껏, 주방의 먹거리 조리하는 내 손끝으로
뚝뚝 고집스레 기생한 숨들의 눈동자와 마주치는데
둘만 낳아 잘 기르자 뻔뻔하게 낙태시키던 어미의
시절이 떠오른다, 돌덩이 같은 돌기로 뭉쳐있는
한 무더기 생존들이 일제히 바리케이드를 치고 있다
그래, 물을 긷고 파랑의 한생을 가꾸어야지
한 번쯤 저 푸른 바다에 닿아 꽃을 밝혀야지
파리한 어미의 몸 한구석을 뭉텅 베어내자 철철 흐르는
하얀 피, 온전히 반짝이는 탱탱한 여린 것들을 받아
옥상 위 검푸른 바다에 내려 앉히자 겹겹의 기생寄生들
순간에 지느러미를 흔들며 푸르게 물길을 가른다

태초에 발아된 씨앗들의 숨소리, 비로소 뭍으로 닿는
한 생명이 한 생명의 끈을 침묵으로 잇고 있다

노숙자의 짐

달의 문을 열고 첫 발을 내딛던 닐 암스트롱처럼
지구촌의 문을 열고 우렁찬 어둠의 터널을 빠져나와
빛의 자유를 얻었음에도 나는 양손 가득 짐이다
그날, 움켜쥔 두 주먹 속 뜬구름들 속절없이 키를 키우고
달뜨게 하던 가슴속 단꿈들까지
내 것 아닌 줄 모르고 달려왔겠지
절뚝이는 걸음이 등걸에 짊어진 하늘을 붙들고
어름사니가 되어 아슬아슬 줄을 타고 있다
양손 가득 다 내려놓지 못하는
이생의 팽팽한 보따리

비 내리는 건널목 지나 어디서 한생을 내려놓을지
누옥의 때 이슬비처럼 젖어드는데
발목에 걸린 저 무량한 족쇄

낯선 남자

가는 비 내리는 한가위 성묫길
을씨년스러운 버스정류소 나무 의자에
낯선 남자가 몸을 움츠리고 앉아있다

남자의 발등에 떨어지는 가을 묻은 빗물이
건너지 못한 인도양의 파도가 되어 출렁인다
필리핀 혹은 베트남의 근로자인 모양이다

두 손을 바지 주머니에 찌르고 앉아
두 다리를 흔들어 그네를 타는 때 묻은 운동화
남자는 겨울 한파처럼 홀로 쓸쓸하다

한복 단장하고 성묘 가는 사람들 걸음을
물끄러미 따라가는 먹물빛 큰 눈
낮은 바람이 남자의 머리카락을 달랜다

깊은 가을이 저기 뛰어오고 있다

검은 승용차 한 대가 남자를 실은 버스를 앞질러 달아난다

승용차의 뒷바퀴에 깔린 낙엽 한 닢이 흠뻑 젖은 몸으로 뒤척이고 있다

끈

잘 여문 단호박 하나의 배를 두드리자
실한 씨앗들이 산실의 그물망에 걸려있다
단내가 상큼하게 코끝을 스치는데, 저 먼
조상의 핏빛 역사가 끈적거리며 스며든다
갈급해하는 씨앗들을 채반에 올려놓고
단단한 조상님들 함자를 읊어주는데
한 해의 동면이 순간, 지나갔다
옥상 텃밭에 뿌려진 숨의 입자들 신비로운
몸짓으로 뒤뚱거리며 천지를 뚫고 돋아 오른다
초록의 요정들이 또닥또닥또닥 고개를 들고
어느새 기둥을 타고 오르는
나팔소리 울려 퍼지는 하오, 하늘 마주하며
봉긋하게 부풀어 오르는 산모의 자궁 속에는
다시금 와자한 끈들이 맨발의 동아줄을 엮고 있다
단단하게 뿌리를 뻗는다

달

 중천을 향해 달려오던 저 둥근 불꽃
 빠른 보폭이 선을 넘는 성급함으로 가시덩굴에 걸리고 말았다
 자지러지게 붉어진 달의 중심축에 그믐 결 같은 상처를 짓고
 붉은 피를 솟아내던 하루.
 내 의식은 깊은 무덤 속에 갇히고
 눈을 뜨고서도 그냥 절벽으로 떨어지던 시간들
 숨이 멎는 듯한 공포의 나날들이 맑은 시냇물 소리로 흘러가고,
 한없이 두렵던 계절이 지나 비로소 일어서고 있다

 파아란 하늘에 깃든
 풍금소리

한 청년이 버스 정류장 나무의자에 앉아

오른쪽 턱에 팔을 괴고 있다
붉은 반바지 흰 셔츠 검은 스포츠 모자를 눌러쓴 그
어느 바람을 타고 이 바다에 앉아 있는 것일까, 그는

생각의 문을 잠그지 못하는지 정류소 밖 횡단보도를 응시하고 있다
버스 유리창문 밖의 호젓한 풍경에 나는 손을 내어 알은체를 하는데
그의 오른손이 숨 가쁘게 다가서는 여자의 왼손을 낚아챈다
긴 생머리 우윳빛 살결이 그의 오른편 겨드랑이에 파묻히고,
그들은 한순간 스치고 지나간 비단 바람같이 사라졌다

나는 내가 살던 스무 살 언덕을 단숨에 뛰어넘는데
그리움이 그리움을 만들던 시간들이 숨을 쉬기 시작했다
무시로 젖어들던 사랑, 비누거품만 만들던 시간들

거듭 솟아나는
한 권의 샘물

꽃 1

한 바구니 가득한 향기였다
반지르르 윤기 어린 가슴으로 소담스럽게 핀 붉은 장미의 정원
푸른 하늘엔 흰 구름이 떠돌고 반짝이는 햇살과의 향기로운 유희
유리병 속 주옥같은 시간이 몸속의 물기를 말리고 있을 때
유통기한은 자동 시스템 도어처럼 순간에 사라져 버리고
처연한 버둥거림의 발걸음, 가엾은 몸부림의 뒷모습
더 이상 앞으로 나아갈 수 없는 화병을 씻는다
견디어 일어서라고 한 가닥 남은 햇살이
그늘에 물을 붓는다
시든 꽃잎의 낯빛이
슬며시 붉다

꽃 2

이른 봄날을 매질하며 삭풍이 몰아친다
꽃잎 위 살을 비집고 달려드는 시퍼런 꿈들이
날을 세운 비수 끝에 멍울져 하얗게 울음을 키운다
뚝뚝 떨어지는 눈꽃들은 오랜 빈혈처럼 서성이고
속절없이 흐르는 침묵의 나이테
한 걸음 두 걸음 봄날의 역사를 짓고 있다
누군가 떨구고 간 발뒤꿈치 사이의 흔적
종일 퍼 나른 물지게의 등이 푸르다

해가 뜨고 지며 돌이켜 일어서는
산당-화 붉게 물드는 살갗

숨결

겨자씨보다 작은 숨결이 대지의 깊은 골짜기로 스며들기 시작한다

환히 피어나는 한 송이 붉은 꽃이다

맹독성의 씨앗이 뿌리로 뻗던 한 시절 나무가 되었다가 바람이 되었다가

향기이거나 허공이거나, 기어코 찢기고 부서진 일상의 파편들 속에서

우두커니 낙엽의 초상이다 거부할 수 없는 안개의 늪

너의 내부를 대신할 파쇄된 내력들 끌어안고, 고요한 집착으로 버무려진

자욱한 안개의 역사,

끝내 돌이킬 수 없는 한 줌의 기억, 세포와 세포를 푼다

발자국이 험난하다

다시 어둠의 휘장이 사위를 쓸어안고 있다
저만큼 집과 집 사이 건물과 건물의 옥상 위에는
불쑥불쑥 붉은 십자가 빛 꽃들이 피어나고
조각달 하나 구름 사이로 한 걸음 두 걸음
길 없는 길을 사립문 가까이 열어주고 있다
언덕 위에는 때늦은 목련꽃이 피어나고
바람은 십자가의 몸을 잡고 흔들어 댄다
별이 빛나는 시냇물은 참 맑기도 한데
당신의 발자국은 참으로 험난하다
내딛는 발걸음 하나가 천근인 듯 아프다
'낙타가 바늘귀를 빠져나가듯'
빛을 향해 걸어가는
당신

어느 봄날

봄날의 산천은 온종일 꽃을 피우고
꽃잎을 떨구는 무슨 분주함이 저토록 치열한지
봉오리를 머금기 바쁘게 화들짝 피워내더니
와르르 빗물 쏟아내듯 꽃잎을 떨어뜨린다
긴밀한 약속처럼 시든 사랑의 종말처럼
주저 없이 이별하며 뒤돌아서는 일
쓸쓸한 골목길을 돌아 내가 가고 네가 남는 일
그토록 바쁘게 살아온 삶의 발자국이
빛 맑은 향기로 반짝이더니, 하루아침에
다 무너진 관절로 더듬거리고 있다
발자국 하나 옮기는데 무쇠덩이 들듯 힘겨운

비로소 눈이 트인다 초연히 고개 끄덕이는
무심의 걸음으로 남은 시간들 딛고 가야 한다

민들레

꽃씨 하나 슬그머니 지하철 역사로 걸어오더니
사뿐사뿐 전동차 안으로 들어선다.
치맛자락을 엄지와 검지 끝으로 잡고는 몸을 들어
둥 둥 둥 허공의 높이를 밟으며 춤사위를 시작한다
기름진 대지를 찾아 뿌리를 내리려는 몸짓일까
좌석에 앉은 청년의 머리 결을 슬그머니 감싸다가
중년 남자의 손등에 내려앉아 눈을 맞추는데
어쩔 줄 모르는 남자의 손등 위
남자는 섣불리 일어설 줄 모른다

허공을 날아 다다른 맨발의 착지
비로소 사뿐한 정착일까

아직도 가지런히 내려놓지 못하는
별빛, 낯 붉히고 있는
철 지난 능금나무 한 그루
잠시, 꽃잎이다

계절은 하얗게 녹이 슬고
쉰 바람이 불고 있다

―「아직도」중에서

⁴　물컹한

회광恢廣

살갗에 비단 자수를 저미어 놓았다
수억만 작열하는 빛살의 촉으로 뿌려낸 옥빛
강릉 앞바다는 엷은 춤사위의 물깃을 잡고
뒤척이며 도란거린다

잠잠히 솟구치는 반짝임, 일몰 직전의 유희로
시절을 넘어 더 나은拏銀 내일을 꿈꾸며
비워진 그물을 수평선 위에 띄우고 있다

출렁이는 은빛 지느러미의 꿈
서녘 바람의 치맛자락을 흔든다
숨 막히는 사막의 모래바람을 뚫고,
그린란드의 혹한을 딛고 일어선 바다

더 이상 부풀지 않을 꽃잎으로
더 이상 꿈꾸지 못할 꽃잎으로
화석처럼 피어나는 빛살

기척

깊은 잠 깨어날 수 없을 것이라는
밤 고양이의 넋, 한낮의 태양 볕에 눈이 부셨을까
등줄기 열고 나와 솜털까지 빳빳이 치켜세우고
한 발자국 두 발자국 깊은 담 벽을 넘고 있다,
어디선가 처연히 들려오는 흐느낌,

간헐적인
비파소리

물컹한

숨죽였던 골짜기를 질주하는
한 뼘 남짓한 혹은 반 뼘의 우주
결빙의 사슬을 풀고 스크럼을 짜고 흐르는
물컹한 숨소리, 꼿꼿하게 등뼈를 뻗어내고 있다
사뿐하게 내려앉는 물새들
생명은 도도하게 지저귀며 날아 흐른다
물컹함 속 물컹함으로 날아오르는 날갯짓
힘차게 아래로 아래로 깃을 세워 달려간다
샘과 샘으로 흐르는 거대한 용틀임이
꽁꽁 얼어 닫힌 문들이
일제히 비상의 결기로 일어섰다

봄날의 살아 숨 쉬는 것들은 모두 싱싱하다
초원을 나르는 물컹한 출렁거림

새날

새해 새날이 밝아 온 지도 며칠이 지났습니다.
나는 지금, 무슨 까닭인지 온몸에 힘을 잃고 있습니다.
해야 할 일들 기다리는 일들도 태산인데
겨울 하늘을 향해 꼿꼿이 서 있는 자작나무의 가지처럼
당당히 설 수 있는 용기가 없습니다
이 엄청난 삭풍의 나이를 딛고 일어설 생명이 가엾습니다
오늘 아침도 태양은 동녘 하늘을 붉게 물들이고
어제처럼 서녘 하늘도 검은 어둠 속에 저물었습니다.
시간은 제 속성대로 말없이 흐르는데
흐르는데-

소중함

기온이 낮아지고 있다.
몸이 조금씩 움츠려 들고
바람이 미처 떨어뜨리지 못한 나뭇잎을
조용히 흔드는 가을 한낮이다
침묵 속의 그대는 1909년 지드의 손끝에서
지워지지 않는 생명으로 태어나
떨리는 어깨 위에 봄 햇살 같은 영혼을 깁고
바늘귀에 낙타를 꿰었다

너도밤나무 숲을 거닐던
당신

아직도

문득 풀잎에 젖은 바람
낯선 바람이 나뭇가지를 흔들고 있다
참, 하면서
흔들거리는 손금을 들여다보며 웃는다
아직도 가지런히 내려놓지 못하는
별빛, 낯 붉히고 있는
철 지난 능금나무 한 그루
잠시, 꽃잎이다

계절은 하얗게 녹이 슬고
쉰 바람이 불고 있다

외로워 마라

밤바람이 열린 창을 비집고 들어선다
길 잃은 먹구름 하나가 쏟아내는 차디찬 한숨 같다
차고 아픈 것들은 비 온 뒤 살갗에 스미는 축축한 공기 같아서
 순식간에 달려와 도심의 밤을 질주하며 사라지는 소음 같아서
쓸쓸하다
밤바다의 수면을 외줄을 풀어 금 긋고 간 바람의 발자국이
계절의 문을 열고 제 가슴의 숨은 곡조를 푸는
장미꽃 저린 아픔을 달래준다
밤마다 우는 저 꽃들도 평생의 슬픔을 다스리지 못하고
고독한 시간의 터널 속에 빠져있다

너와 나 우리
그 무엇을 그리워해야지
가슴 밑바닥까지 아파해야지
아프고 또 아픈
그대와 그대가 있다

* 2019년 신작가곡집 우리시 우리노래 수록
  김준 작곡, 지연희 작시

팬데믹 이후

절벽을 기어오르는 한 무리의 질서들이 순간 무너져 내린다

기척도 없이 흔적도 모르게 사라지고 만 선량한 양 떼들
견고한 뿌리의 기둥들이 홍수의 난폭한 휘두름 속에서
잔인하게 휩쓸려 맥을 놓고 만 것이다

바닷물에 둥둥 떠오른 부유물이 속절없이 난해하고
비스듬히 수면에 기대어 하늘을 응시하는 허물어진
물고기의 눈동자는 깊이 함몰되어 젖어있다

터널 속에선 빛의 시종들이 종일 어둠을 비워내느라 진땀을 흘린다
저 먼 북쪽의 겨울 철새들 두 번씩이나 다녀가고
다시 찾아올 시간이 머지않을 막막한 이즈음

임계점에 들어서야 비로소 눈을 뜨기 시작하는 세상
안개가 걷히자 온갖 새들이 꽃을 피우고
돌멩이가 화장을 한다

풀잎

입춘이 지난 지 한참이다
겨울 속의 봄, 추위는 어제와 같이 오늘 아침도
영하 10도 수은주가 꽁꽁 얼었다
그러나, 한낮 주말의 유리창 너머 스며드는 햇살이
별빛처럼 반짝인다 아름다운 생명의 눈
창을 열고 긴 호흡으로 별을 주워 담는다
깊숙이 가슴에 스며드는 생존의 힘
가끔은 빛이 그리운 우기처럼 욕심을 키운다
욕심의 크기를 키우는 허기진 고무풍선
손목에 묶인 풍선의 시간은 얼마큼
눈부신 생명의 끈을 허락할까
흐르는 저 강물 위에 떠가는
풀잎

나무의 뼈

비가 온다던 하늘에
무심히 반달 하나 떠있다
불현듯 고개를 치켜든 시선
사이에 걸린 가을,
이슬 내린 숲길의 쓸쓸함,
이 어둔 밤에서야 가슴속
실타래를 풀어놓는
풍경 소리, 목젖 끝에 매달린
야윈 얼굴의 한 그루 나무

관점

슬픔이었던가, 마을 앞 공원
초등학교 10살 아이가 칠십 세 할머니를 향해
내가 비키라면 빨리 비켜야지!
견딜 수 없는 살인적 폭언이다
아무 말 못 하는 할머니는 간이 운동기구에서 멈춰 선다
코로나19 마스크가 사람을 잡고 있다
네가 누군지 내가 누군지 알 수 없는
안개 자욱한 길이 처참하게 사람을 짓밟고 있다
가까이 다가서면 좀비 다가오듯 도망쳐야 하고
기침소리 한 번에도 칼날 같은 시선이 집중되는
불신의 시대, 사람이
사람을 버린 세상이다

꽃이 핀다

가슴을
열면
꽃잎이
피어난다
한 겹
한 겹
화안하게
향기를 푸는
입
안
가득한
봄

서서히 속도를 줄이며 정봉역 역사에 정착하는 연체동물 한 마리
포효하던 기적 소리도 멈추고 기관사는 정봉역장과 둥근 통표를
교환하는데 이모님은 주말이면 어김없이 역사에 내리는 조카딸의
자태를 초가집 뒷동산 언덕에 나와 미세한 시선으로 훑고는 무명
앞치마를 흔들곤 했다.

- 「정봉역」 중에서

5 향기

저물다

몇 시간 후 또 한 해는
스쳐 지나가 버린 어제처럼 저물게 된다
다시 돌아오지 않을 꽃잎이 발자국 밑에서 사라진다
발밑에 숨어 딛고 가버린 조각난 거울처럼
촘촘히 떠나갈 기쁨도 슬픔도 가늠할 수 없는 시간
어둠의 시간 속에 들어서야 무거운 줄 안다
다하지 못한 슬픈 사랑으로 아파하다가
잃어버린 하얀 개울물 소리에 눈을 뜬다
한 해가 또 문을 열며 걸어오고 걸어가고
지키지 못할 약속을 약속하며
다가올 시간들이 향기로운 꽃을 피울 것이다
언덕을 딛고 오르는 경이로움 여전한
눈부신 새날의 햇살을 가슴에 담는다

꽃샘바람

어디까지 끌고 갈 참이냐
발걸음마다 춥고 가난하다

온몸엔 푸른 멍
결핍의 흔적
아프다

우수 지나
경칩,
아궁이의 잔 불씨같이
무시로 일어서는
꽃바람

살얼음의 족쇄

바로 너였구나
-흉상 앞에서

바로 너였구나
하루 종일 꿈틀거리며 햇살의 씨앗을 품던
꽃의 근원, 생명의 싹이었구나
무슨 이름을 지어 부를 수 있을까
눈 감으면 감은 눈 등 위에
환히 밝아오는 불빛
동녘 하늘의 새날을 지피는 꿈결,
코끝을 열면 잔뜩 찌푸린 하늘이
말갛게 피어나듯이 향기롭고
그냥 곁을 스치면 아무 이유 없이
새벽 종소리 같은 黎明이 되는
바로 너였구나
네가 참으로
너였구나

태동

　남주동 26번지 숨의 시작이었으므로, 평생 뒤돌아 가 닿고 싶은 종착역의 씨앗은 무시로 기억의 사슬에서 벗어나기 어렵던 이름의 나날이었다 그때, 나는 미세한 흔들림이었고 울컥거리는 바닷물의 반란이었다 한 점의 숨으로 지느러미를 키우던 우레 같은 태동을 동반한 비수였을까 붉은 장미 흥건한 산실의 신비, 유리 상자 속의 꽃이었다 그곳 대청마루 흔들의자 아버지는 갓 태어난 물고기 한 마리를 품에 안고 풀꽃 같은 세상을 꿈꾸다가 지워졌다. 초록 바람이 불어오고 한달음에 가깝고 먼 시간의 사슬에 매어 나이테는 수많은 계절을 삼키고 나는 깊은 강물을 거슬러 오르곤 한다, 한 마리 물고기가 울고 있던 시절 앙상하게 마른 추억마저 저무는 빈집에 이정표를 세기고 밤이면 작은 소반 위에 꽃씨를 뿌린다, 붉게 피어오르는 내 목단화의 집 굴뚝에는 수시로 눈물로 기운 한 폭의 노래가 연주되고 있다 폐허의 빈집 위에 짓는 나의 현주소는 진행형이다 뜨거운 핏빛 온도로부터 시작된 갈망의 늪

정봉역

저만큼,

산모퉁이를 돌아 기적을 올리며 검은 연기를 품어내는 기차가 달려오면 하얀 테 모자를 쓴 역장은 하늘 높이 솟아있는 플랫폼 푯대의 꽁무니를 끌어내린다. 서서히 속도를 줄이며 정봉역 역사에 정착하는 연체동물 한 마리 포효하던 기적 소리도 멈추고 기관사는 정봉역장과 둥근 통표를 교환하는데 이모님은 주말이면 어김없이 역사에 내리는 조카딸의 자태를 초가집 뒷동산 언덕에 나와 미세한 시선으로 훑고는 무명 앞치마를 흔들곤 했다. 어림잡아 2킬로미터의 먼발치를 유리알처럼 밝혀내며 반가이 맞으셨던 분, 청주역에서 출발하여 20분이면 도착하던 정봉역의 한가한 정적, 역사 주변엔 코스모스 행렬이 순한 미소로 몇 명 되지 않는 이용객을 반기고, 청명한 가을 하늘을 비행하던 고추잠자리의 군무는 별빛만큼이나 반짝였다 한 번쯤 돌아가고 싶은 내 어린 추억의 산실 정봉역이 가물거린다 이모님의 앞치마에 싸여 사라진 정봉역이 그립다

간밤

바다로 간다

긴 여정의 시냇물 물줄기 닿기 무섭게

바다는 깊은 숨으로 들숨 날숨을 쉬고 있다

하늘을 찌를 듯 솟아오르는 파고 위에서

가파른 물살의 등에 매달려 내 종내의 마음 하나가

간밤 그렇게 뒤척이며 잠 못 들고 있다

앙상히 마른

나무

달팽이의 이소異所

청양의 유기농 상추
수도꼭지를 틀어 놓고 싱싱한 표피를 씻어 내는데
달팽이 한 마리가 상추의 치마폭을 뒤집어쓰고

겁먹은 작은 눈으로 나를 응시하고 있다

녀석을 싱크대 위에 올려놓자 손사래를 치며
길게 더듬이를 뻗어 빠른 보폭으로 길을 만들며 달아난다

다시 제자리에 잡아 놓아도
가야 할 곳이 있는 모양새로 내달리고 있다

난초 화분에 슬며시 놓아주고 하룻밤을 지냈다

아침이 밝아지기 무섭게 화단의 난 화분을 들여다 보는데
녀석은 흔적조차 보이지 않는다

연속되는 장맛비의 빗줄기를 타고

미지의 세계를 향한 비장한 일탈을 감행한 것이다

얼마나 도심의 삶이 궁금했으면 아무도 몰래
상추 잎에 숨어 탈출을 감행했을까

평생 경험하지 못한 신세계를 향한 호기심이
가끔은 가슴 설레게 하는 욕망이 된다

쳇바퀴 돌아가듯 한 일상 속의 굴레를 딛고 일어선
눈부신 달팽이의 일탈이 궁금하다

그는 지금 서울 도심 속 어느 불빛 아래 머물고 있을까

달의 기원
-조경희 탄생 100주년 기념 시

우리는 지금,
한국수필문학 한마당 月堂에 앉아
융성한 빛의 가닥을 마시고 있다, 마시며
달빛 찬연히 깃든 강화도, 청 푸른 하늘을 열고
성공회 신부님의 딸로, 이화 학당의 문재文才로
여기자, 수필가 수필문단의 대모로
대한민국 예총회장, 예술의 전당 이사장, 정무장관
살아생전 시대의 대표 여성으로 불꽃을 태우셨던
거목을 맞이하고 있다,
조경희 탄생 100주년 기념에 즈음하여
가슴 여미며 수필문학의 始原에 대하여
그 큰 가슴에 고개 숙여 머리를 조아린다,
당신의 탄생으로부터 이미 예지하였던
1971년, 그날 한국수필가협회 깃발은 힘차게 나부끼고
대한민국 수필문학의 비장한 결기의 나무 한 그루
저 땅속 깊은 대지의 속살을 열어
튼실한 뿌리의 근원을 조망하였다, 저 황량한 벌판 속
당신의 부재는 한국수필문학의 부재였을 것이라는, 사실

이 거대한 역사를 등에 지고, 내달리던 시간은
오늘 47년의 강물로 도도히 흘러와, 여기
'한국수필가협회' 월간 '한국수필'의 푯대로
수필 문단의 눈부신 역사를 꽃피우고 있다
여문 수필문학의 열매로 세상을 짊어지고 있다.
생과 사, 시간과 공간 의식과 무의식이
이끄는 문학의 근원적인 통찰을 위하여
우리 모두는 일어섰으니, 당신이
뿌려 놓은 씨앗들이 숲으로 자라 향기 가득하다
꿋꿋한 걸음으로 지켜 나아갈 소중한 미래
달의 기원이 빛을 밝히고 있다

달의 문
-수필의 날에

달이 빛의 문을 닫던 날
하늘은 그 굳건한 침묵을 열고
흥건한 빗줄기를 지상에 쏟아내고 있었다
강화도 고향 산기슭 붉은 지표면의 살갗은
함부로 젖어들고, 우리는 다만 생명을 내려놓은
문화예술계의 거목을 잃은
닫힌 문 곁에서 손을 내어 편 편의 사랑을
한 방울의 이슬로 엮어내고 있을 뿐
이별이라는 슬픔이 이렇게 긴 그리움
피워낼 줄 알지 못했다
생사의 질서에 놓여 천국 문을 열고 가신
대한민국 수필 문단의 대모님!
「골목은 아침에 나보다 늦게 깬다」는
그 부지런한 발걸음 그곳에서도 여전하신지
수필 문단의 근심 걱정 여전하신지, 그러나
아끼시던 한국수필가협회도 풍성하고
수필문학단체들 활약도 만만치 않아

뿌려 놓으신 씨앗들의 튼실한 성장이 눈부시다
오늘은 '조경희 수필문학상' 열두 번째 시상식 날
허세욱 정목일 이경희 유혜자 윤재천 맹난자
이정림 정호경 염정임 홍혜랑 반숙자 지연희
'월당 명예의 전당'에 모여 한바탕 웃고 있다
굳건히 닫힌 달의 문 꽝꽝 두드리며
기억 속에서나 열어내는 달의 문 꽝꽝 두드리며
환한 보름달의 눈부신 자취로 비추시던
선생님 호탕한 유머와 재담 추억으로 나누고
수필 사랑의 역사를 면면히 잇기 위하여
잇기 위하여 여기 모였다

말없는 고요

가슴
켜켜이 쌓여
눈동자 가득 담아내는
말없는 고요
잔잔한 호수의 표피 속에서
출렁이는 언어들로 묶인
한 다발의 꽃이
하늘의 향기를 품고 있다
그대를 향한
온갖 소리는 한낱
흩어져 날리는 바람이다
공막鞏膜을 뚫고 들려주는
말없는 고요,
티끌 없는
맑음

향기

시냇물 위를 퐁당퐁당 뜀질하며 반짝이는
햇살의 눈동자로 할머니-라 부르는
내 천금 같은 살 그리고 뼈
요렇게 따라 해 보겠니 두 손을 꽃잎처럼 펼쳐서
턱 아래 받쳐 들고-
아가야 또 아가야
너희들 샘물 같이 솟아나는 꿈
청량한, 푸른 초원을 숨 쉬는 내일은
꽃향기 그윽한 열매이지
대지를 울리는 교회 종소리-
아가야 내 뿌리 깊은 맥박들
소현, 재민아

쉬었다 가야지
- 은평구 국립한국문학관 설립기념 시

머지않아 3·8선 무너지고
철의 장벽 비무장지대 녹슨 철조망 걷히는 날
막힌 동맥을 뚫고 크게 소리쳐 노래해야지
그날, 그날의 기쁨을 위해 통일로는 문 활짝 열고
은평구 한옥마을 뒷산 솔바람 소리로 마중해야지
대한민국 문학 역사의 유장한 정신을 뿌리 깊이 새겨
역사의 뒤안길 기쁨과 슬픔의 너와 나 하나로 풀어내는
한국문학의 고향, 국립 한국문학관
그 숨결 속에서 쉬었다 가야지
정지용 윤동주 황순원 김현승 이호철 최인훈 김 훈
김지연 이근배 신달자 복거일 김원일 서기원 박범신
그들의 문학 속 사람과 사람들이 신명나게 뛰어나와
꽹과리 징 장구 북을 쳐야지
북한산 맑은 샘물 한잔 마시며 미래 문학의 역사를 지어야지
순하디 순한 가슴을 펴고 아름다운 사람의 길을 열어내야지
시 시조 소설 수필 희곡 동화 향기로운 문학의 꽃을
백두산 한라산의 중심 서울, 통일로의 지붕 위에

깃발을 세워야지, 그 깃발 아래 쉬었다 가야지

그렇게 되어야지

지연희의 강점은 이 죽음 지배의 현실을 전혀 회피하지 않으며 정공법으로 맞서는 데에 있다. 그녀는 죽음을 철학이나 종교로 봉인하지 않고 날것으로 까발려놓음으로써 죽음에 대한 혹독한 리얼리즘을 성취한다.

-「작품해설」중에서

작품해설

죽음의 리얼리즘과
부활의 미학

오민석(문학평론가 · 단국대 교수)

죽음의 리얼리즘과 부활의 미학

오민석(문학평론가 · 단국대 교수)

●

1.

이 시집의 1부와 2부는 죽음 혹은 소멸에 대한 사유로 가득 차 있다. 모든 생명은 축적된 죽음의 긴 역사를 가지고 있다. 과거는 수많은 죽음으로 얼룩져있다. 모든 현재는 죽음의 종점 위에서 시작되고, 죽음 혹은 잠재적 죽음이 존재의 사방을 늘 에워싸고 있다. '그'도 죽었고, '그녀'도 죽었으며, '나'는 죽어가고 있고, '너'도 죽음의 기차를 타고 있다. 죽음의 보편성이야말로 존재의 보편적 조건이다. 죽음을 외면하는 것은 그것 혹은 그것 이후의 세계에 대한 무지, 그리고 그 무지가 유발하는 공포 때문이다. 인간은 죽음의 보편성을 지우고, 죽음이 숙명임을 망각하며 살아가지만, 죽음은 존재가 생물학적 비존재로 바뀌는 순간까지 항상 존재의 곁에 있다. 그것은 인간에게 벗어버리고 싶은 끔찍한 외투이지만, 몸과 영혼 깊이 스며들어 벗겨지지 않는다. 그것은 존재의 바깥에 있는 것이 아니라 그 자체 존재의 일부를 이룬다. 그러므로 죽음에 대한 사유 없이 인간에 대한 그리고 삶에 대한 사유는 있을 수 없다.

더는 버틸 수 없어 쫓기듯 단벌의 옷으로 치장한 당신은 축축하게, 칠성판 위에 누워 끊임없이 뒤를 돌아보았겠지 얼어붙은 가슴속에선 말이 떨어지지 않아 얼마나 울었을까 비단 구름을 좋아하던 13살 아이에게 '너를 버리고 가는구나' 읊조리면서 가쁜 숨 내쉬고는 싸늘하게 문을 닫아버린 새벽길, 수질首絰과 요질腰絰에 묶여 헐거운 짚신을 끌며 마른 눈물로 뒤를 따르는데 산비탈을 오르던 장정들의 발이 꿈적하지 않는다는 비명이 들리고 붉은 황토를 손바닥에 비비던 늙은 이장은 명당이네 걱정하지 마라 여린 풀잎의 등을 토닥였다, 한 삽의 무심을 뿌리는데 쾅쾅쾅 두툼하게 안과 밖의 경계를 짓는 상두꾼의 구령이 구슬프게 시작될 때에서야 비로소, 나는 보이던 것이 보이지 않는다는 당신의 까닭을 알아차렸다 장대비 쏟아지고 천둥이 길을 막는 천지가 무너지는 소리를 들었다.

> 자욱한 안개가 새벽을 열고, 이후
> 나는 기억을 몰고 와 그곳을 어둠이라 했다.
> —「기억을 몰고 와」부분

지연희는 장례의 생생한 현장을 복기하면서 죽음을 "보이던 것이 보이지 않"게 되는 것, 즉 사라지는 것이라 정의한다. 죽음이 두려운 것은 한 존재가 알 수 없는 곳으로 영원히 없어지기 때문이며, 특히 "13살 아이"에게 그것은 "천지가 무너지는 소리"나 마찬가지이다. 죽음을 다룬 지연희의 많은 시에서 죽음은 자연의 원리, 혹은 당연한 숙명이 아니라 거절하고 싶은 "어둠"이다. 그리고 이 어둠에 대한 아픈 기억은 유년기에 목격한 장례 장면에 기인한다. 프로이트의 늑대 인간에게 원초적 장면primal scene이 신경증의 원인이었던 것처럼, 그것은 시인에게 죽음에 대한 깊은 트라우마로 각인된다.

> 살갗에 스며드는 싸늘한 겨울바람의 유희
> 희디흰 하늘 옷자락이 당신의 새집에 커튼을 치는
> 당신의 가슴에 까마득히 스며든 묵직한 한기를
> 두툼한 얼음 상자로 전송받고 있지요
> 이 견고한 지하의 흙내음
>
> 맨몸의 맨발의 당신은
> 사시나무처럼 떨고 있다는
>
> ―「안부」 부분

작품해설

 지연희는 죽음에 대하여 사변적 태도를 보이지 않는다. 그녀에게 죽음은 냉정할 정도로 구체적이고 실물적이다. 그것은 장례 장면의 어두운 기억에서 유래된 것일 수도 있다. 그녀는 죽음에 대한 관념적 이해나 타협을 거부한다. 그녀에게 죽음은 "얼음"처럼 차가운 "지하"의 메시지이며, 죽음은 그 차가운 지하에서 "맨발"로 "사시나무처럼 떨고" 있는 자의 것이다. 죽음에 대한 이 지독히 사실적인 묘사는 죽음을 두렵고도 매우 절실한 현실로 느끼게 해준다. 시인에게 죽음은 일상의 모든 곳에 실물로 존재하며, 아무 때나 존재를 비존재로 만들어버리는 실질적인 힘이다.

> 당신은 당신의 핏줄로 빚어 놓은 역사를
> 기억하실 수 있을까요, 너무 아득해서,
> 백일도 안 된 벌거숭이 아기를 품에 안고
> 흔들의자에 앉아 미소를 띠고 계셨다지요
> 어머니는 무심천 맑디맑은 물에
> 신생아의 기저귀를 빨고 있었다네요
> 단 한 번도 부르지 못한 아버지라는 이름
> 그날 그 벚꽃 만발한 무심천 꽃잎 위에
> 그토록 눕고 싶으셨던 가요
> 황홀히 꽃비 맞으며 맞으며 걷다가

걷다가 무심으로 걸어가신 분
아버지!
                    -「무심천」부분

 「껍질」이라는 시에 늙은 아버지가 나오는 것을 보면 이 시 속의 아버지가 시인이 "벌거숭이 아기"일 때 세상을 뜬 시인의 친부인지 아닌지는 분명하지 않다. 물론 서정시의 화자를 시인과 동일시하는 오류를 피하려면 텍스트를 텍스트 자체로 읽으면 된다. 이 시 속의 화자는 "아버지"라는 기표를 알기도 전에 아버지를 잃었다. 명명하기도 전에 아버지를 비존재로 만든 것은 다름 아닌 죽음이다. 죽음은 "걷다가 무심으로 걸어"가듯 사랑하는 존재를 잃는 것이다.
 이 시집은 이렇게 여러 국면의 죽음들을 소환하며 죽음을 사유의 토대로 삼고 있다. 죽음이 보편적인 현실이라면, 모든 생은 죽음과의 관련 속에서만 설명 가능한 것이 된다. 삶과 죽음은 서로를 되비추는 거울 같아서 어느 한쪽을 빼고 다른 쪽을 이해할 수 없다. 그러므로 죽음에 대한 시인의 사유는 결국 생에 대한 깊은 명상이다.

2

　지금까지 살펴본 것처럼 시인에게 있어서 죽음은 삶의 일부이다. 왜냐하면 죽음이야말로 삶을 구성하는 현실이기 때문이다. 그러므로 '죽음을 산다to live the death'는 패러독스가 성립된다. 영국 시인 존 던J. Donne은 자신의 소네트에서 "죽음이여, 너도 죽으리라"고 선언했지만, 산 자에게 죽음은 삶의 과정이기도 하다. 산 자들은 이미 죽음의 칼날 아래 들어와 있으며 죽음의 그림자 안에서 살아간다.

　　가쁜 숨으로 달려가고 있어요 당신의 그윽한 푸른 눈빛이 달콤해서지요 그 현란한 깃의 춤사위는 진실이겠지요 당신의 깊이 속으로 스며들고 싶어요 조금만 더 다가서야겠어요 차디찬 얼음덩이처럼 견고한 손길이 깨어지지 않는 죽음이 허공 위에 매어있군요

　　숨결을 잃어버린 생명이 생명일까 생각하고 있어요 그러나 지금, 나는 길 잃은 물새처럼 흥건히 젖어있는 당신, 당신의 사정거리 안으로 진입해 버렸군요 들짐승 한 마리가 포효하고 있어요 사방을 돌아보지만 탈출구가 보이지 않아요 – 진실을 포장한 파랑새, 파랑새
　　　　　　　　　　　　　　　　　 –「디코이 decoy」전문

시인의 각주에 따르면, "디코이"는 "사냥에서 들새나 들짐승을 사정거리 안으로 유인하기 위하여 만든 모형 새"이다. 그러므로 '디코이'는 그 자체 죽음은 아니지만 죽음을 부르는 기호sign이다. "당신의 그윽한 푸른 눈빛"은 그런 죽음의 매혹스러운 통로인데, 따지고 보면 삶이야말로 그런 "사정거리 안으로" 이미 들어와 있는 풍경이 아니고 무엇인가. 생명은 가짜 먹이의 뒤란에 있는 죽음을 보지 못한다. 죽음의 거대한 포획 망 안에 "탈출구"는 없다. 삶은 그런 죽음의 그물 안에서만 존재한다. 그러므로 죽음에 대한 모든 사유는 생에 대한 사유로 환원된다.

> 구십 고령의 내 어머니
> 그린란드 빙벽에 하얗게 누워
> 사시나무로 떨고 있었겠지
> 곁에 있더니 보이지 않는 사람들
> 얇은 포대 짐승의 누더기에 싸여 불길 속에서
> 홀로, 얼마나 우셨을까
> 바람의 곡조로 파도를 타는
> 바람의 곡조로 눈물을 짓는
> 자지러지며 흔들리는 지구촌
> 새 떼들이 사라진다
>
> ―「새 떼」 부분

작품해설

 앞에서도 살펴보았지만, 시인은 죽음을 묘사할 때 냉혹한 리얼리즘의 편에 선다. 시인은 죽음을 철학적으로 미화하지도, 합리화하지도 않는다. 시인은 죽음을 살아있는 사람의 느낌으로 읽어냄으로써 더욱 아픈 현실로 만든다. 이 시에서 죽은 어머니는 죽어서 무감한 존재가 아니라 살아서 죽음을 겪는 어머니이다. 살아서 겪는 죽음이란 얼마나 끔찍한 일인가. 시인은 안치실에 시신으로 모셔져 있는 어머니가 "사시나무로 떨고" 있었다고 읽어내는가 하면, 화장 중인 어머니의 시신이 "불길 속에서/ 홀로, 얼마나 우셨을까"라고 회상한다. 시인은 죽은 어머니의 몸에 자신의 살아있는 몸을 투사함으로써 애도와 애통compassion의 극단까지 자신을 몰고 간다. 이는 죽음을 삶을 이해하는 가장 확실한 창구로 간주하는 시인의 태도를 잘 보여준다. 한국 시문학사에서 이렇게 정공법으로 죽음에 대한 사유를 이어가는 예도 드물다. 지연희는 죽음이 삶의 보편적 현실이며 따라서 죽음을 경유해서만 삶을 이해할 수 있다는 확실한 입장을 보여주는 예외적인 시인이다.

> 숨죽였던 골짜기를 질주하는
> 한 뼘 남짓한 혹은 반 뼘의 우주
> 결빙의 사슬을 풀고 스크럼을 짜고 흐르는
> 물컹한 숨소리, 꼿꼿하게 등뼈를 뻗어내고 있다

시뿐하게 내려앉는 물새들
생명은 도도하게 지저귀며 날아 흐른다
물컹함 속 물컹함으로 날아오르는 날갯짓
힘차게 아래로 아래로 깃을 세워 달려간다
샘과 샘으로 흐르는 거대한 용틀임이
꽁꽁 얼어 닫힌 문들이
일제히 비상의 결기로 일어섰다

봄날의 살아 숨 쉬는 것들은 모두 싱싱하다
초원을 나르는 물컹한 출렁거림
                    -「물컹한」전문

 죽음의 끝에 도달해 본 자만이 그 대척점에 있는 생명을 읽을 수 있다. 죽음이 결빙과 소멸의 이미지들로 그려진다면, 생명은 부드러움과 유동성의 이미지로 그려진다. "결빙의 사슬"이 불모의 죽음이라면, "물컹한 숨소리"는 그것과 정 반대편에 있는 생명이다. 죽음은 얼음이 된 물처럼 정지하고 멈추지만, 생명은 "날아 흐른다." "물컹한 출렁거림"은 유동성, 유체성으로 가득 찬 생명의 힘을 잘 보여준다. 생명에 대한 시인의 예찬이 더욱 설득력이 있는 것은 그녀가 죽음을 회피 불가능한 어둠으로 묘사했기 때문이다. "장밋빛 뺨과 입술"이 더욱 아름답고 귀한 것은 그것이

"시간의 구부러진 칼날 안에"(W. 셰익스피어) 있기 때문이다. 생명이 귀하고 귀한 것은 그것이 죽음에 포획되어 있기 때문이다. 시인은 이렇게 죽음의 구도 안에 생명의 주제를 던져놓음으로써 생명 혹은 죽음-극복의 '부활'을 더욱 귀한 것으로 만든다.

> 어쩌면, 이렇게 반짝이는 울음일까
> 탯줄을 자르고 지르는 신생아의 첫 울음같이
> 두 주먹을 움켜잡고 네모난 화분 귀퉁이에 솟아올랐다
>
> 숨이 마른 가시 줄기들의 무덤 사이로 고개를 든 筍 하나 무릎 꿇어 저 가파른 흙의 폐허를 다독여 부활하였겠지 손톱이 닳도록, 가득한 절망의 열쇠를 풀고 삼복의 지상에 서서 두리번거리며 조심, 조심한 발걸음이 생명의 문고리에 닿았을까,
>
> ―「부활」부분

오아시스가 아름다운 것은 사막 때문이다. 이 시는 죽음의 폐허 위에서 "무덤 사이로 고개를 든" 생명을 상찬하고 있는데, 그것이 더욱 소중하고 아름다운 이유는 그녀가 그려낸 사막(죽음)의 가혹한 불모성 때문이다. 앞에서 살펴보았다시피 시인은 얼음장처럼 차가운 죽음의 땅 밑을 (살아있는 피부로) 생생하게

느끼게 함으로써 죽음의 리얼리즘을 성취한다. 그녀가 고통스레 죽음에 살아있는 피부를 갖다 댄 이유는, 거꾸로 그것을 이기고 "생명의 문고리"에 가 닿는 부활의 미학을 위해서이다. "반짝이는 울음"은 오로지 죽음의 사막에서 오아시스처럼 발견된다.

3.

 지연희에게 있어서 생은 거저 있거나 거저 주어진 것이 아니다. 모든 생은 죽음을 전제로 죽음의 스펙트럼 아래에 존재한다. 그러므로 생을 이해하려는 모든 자는 죽음에 대해 사유하지 않으면 안 된다. 생명-존재의 이 엄연한 현실을 배제한 모든 이야기는 공허한 뒷담화이다. 죽음은 잊으려 한다고 잊히는 것도 아니고, 원하지 않는다고 사라지는 것도 아니다. 그것은 모든 생명에게 공평하게 주어진 보편적 현실이다. 지연희의 강점은 이 죽음 지배의 현실을 전혀 회피하지 않으며 정공법으로 맞서는 데에 있다. 그녀는 죽음을 철학이나 종교로 봉인하지 않고 날것으로 까발려놓음으로써 죽음에 대한 혹독한 리얼리즘을 성취한다. 이렇게 죽음의 제사를 지내고 죽음을 보편-현실로 받아들일 때, 죽음의 칼날 아래 있는 생명의 찬가가 제대로 울려 퍼진다. 그러므로 지연희의 시는 죽음의 리얼리즘과 생명 혹은 부활의 미학 사이에 걸쳐 있다고 말할 수 있다.

어디까지 끌고 갈 참이냐
발걸음마다 춥고 가난하다

온몸엔 푸른 멍
결핍의 흔적
아프다

우수 지나
경칩,
아궁이의 잔 불씨같이
무시로 일어서는
꽃바람

살얼음의 족쇄
- 「꽃샘바람」 전문

"꽃샘바람"이야말로 죽음과 생의 모순적 공존을 잘 담아내고 있는 기표이다. 이 바람 속에는 이미 겨울을 이긴 생명의 힘이 들어있으며, 그 생명을 시샘하는 죽음의 기운도 들어있다. 죽음과 생명의 자장 안에서 존재의 온몸엔 "푸른 멍"이 가득하다. 그것은 생명의 몸에 가해진 죽음의 매 자국들이다. 그러나 그 죽음의 시간도 영원하진 않다. "살얼음의 족쇄" 안에도 "꽃바람"이 분다. 그 바람은 "아궁이의 잔 불씨같이/ 무시로 일어서는" 생명의 벡터이다. 이 작품은 이렇게 죽음과 생명의 힘들이 서로 교차하면서 이루는 긴장으로 팽팽하다.

    밤바다의 수면을 외줄을 풀어 금 긋고 간 바람의 발자국이
    계절의 문을 열고 제 가슴의 숨은 곡조를 푸는
    장미꽃 저린 아픔을 달래준다
    밤마다 우는 저 꽃들도 평생의 슬픔을 다스리지 못하고
    고독한 시간의 터널 속에 빠져있다

    너와 나 우리
    그 무엇을 그리워해야지
    가슴 밑바닥까지 아파해야지
    아프고 또 아픈
    그대와 그대가 있다
                     -「외로워 마라」 부분

꽃이 "밤마다 우는" 것은 그것이 생명, 아름다움 등의 긍정적 의미소들만으로 구성된 것이 아니기 때문이다. 꽃의 아름다움, 빛나는 생명성조차 사실은 죽음의 스펙트럼에 포획되어 있다.

작품해설

그 "고독한 시간의 터널"을 빠져나올 수 있는 것은 아무것도 없다. 그러므로 꽃을 포함한 모든 존재에게 슬픔은 항구적인 것("평생의 슬픔")이며 제어할 수 없는 것("다스리지 못하고")이다. 그러나 바로 이 지점에서 "나와 나 우리"가 연대할 수 있는 모멘텀이 생긴다. 죽음의 지배 아래 있는 모든 것은 바로 그 한계, 그 유약함 때문에 서로의 아픔을 공감한다. 유한한 존재들끼리 함께 아파하고 그리워할 때 "저린 아픔"도 위로를 받는다. "외로워 마라"는 주문은 죽음의 전면적인 지배하에 있는 유한한 생명체들이 함께 나누는 코뮌의 신호이다. 그러므로 (지연희의) 죽음의 리얼리즘과 부활의 미학이 궁극적으로 지향하는 것은 사랑의 다리이고 공감의 교각이다.

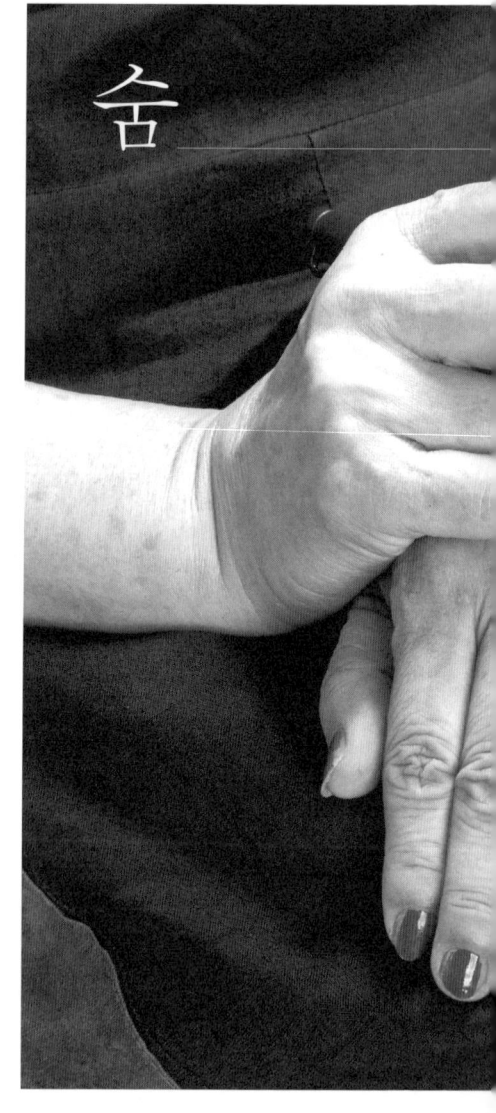

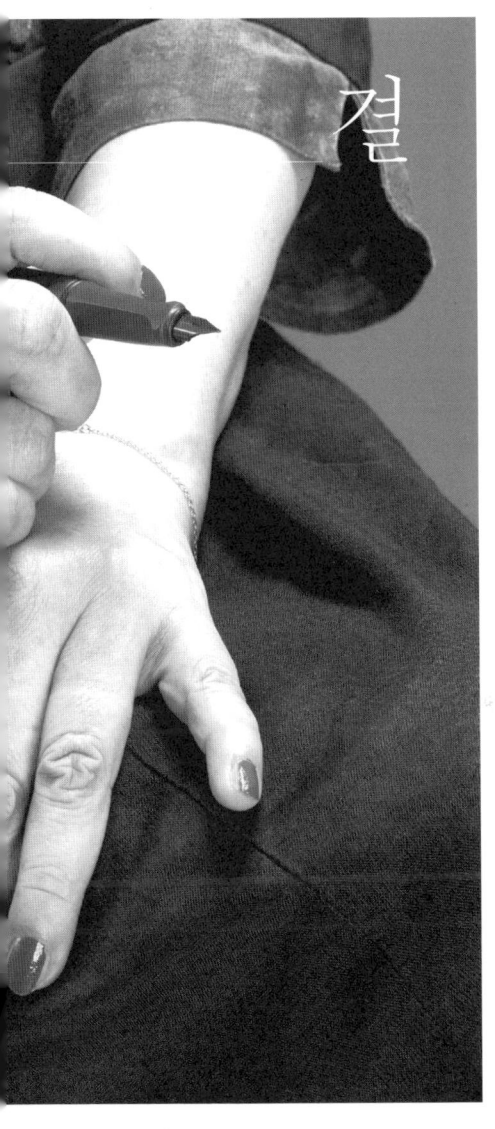
결

숨결